염소와 국어 시간

시작시인선 0550 염소와 국어 시간

1판 1쇄 펴낸날 2025년 10월 31일

지은이 허상욱
펴낸이 이재무
기획위원 김춘식, 유성호, 이형권, 임지연, 차성환, 홍용희
편집 이호석, 박현승
편집디자인 김지웅, 장수경
펴낸곳 (주)천년의시작
등록번호 제301-2012-033호
등록일자 2006년 1월 10일
주소 (03132) 서울시 종로구 삼일대로32길 36 운현신화타워 502호
전화 02-723-8668
팩스 02-723-8630
블로그 blog.naver.com/poemsijak
이메일 poemsijak@hanmail.net

ⓒ허상욱, 2025, printed in Seoul, Korea

ISBN 978-89-6021-828-4 04810
     978-89-6021-069-1 (세트)

값 11,000원

*이 책 내용의 전부 또는 일부를 재사용하려면 반드시 저작권자와 (주)천년의시작 양측의 동의를 받아야 합니다.
*잘못된 책은 바꾸어 드립니다.
*지은이와 협의하에 인지는 생략합니다.

염소와 국어 시간

허상욱

천년의 시작

시인의 말

여태 엉덩이로 시를 쓰는 줄 알았다. 그러다 문득

내 발이 두 개나 된다는 걸 알았다. 그래서

열심히 쑤석거리고 다녔다. 발가락이 생채기 날 때가 많았다.

가시밭이었고 자갈밭이었던 거다. 무엇보다

나는 눈이 보이지 않았던 거다.

그래도 아픈 발가락을 감추지 않고

세상으로 내보이기로 했다.

대전 갈마동에서 허상욱

차 례

시인의 말

제1부 호루라기 칼국수

비단 연못 ──── 12
목련꽃 수제비 ──── 14
첫사랑 ──── 16
호루라기 칼국수 ──── 17
일침요법(一鍼療法) ──── 18
A의 간격 ──── 20
분수 ──── 22
순대 공장 ──── 24
어부바 ──── 26
50대 ──── 28
한 사람을 위한 버스킹 ──── 30
얼음 연못 ──── 32
무궁화꽃이 피었습니다 ──── 33
뻔뻔한 날씨 ──── 35
탱자나무 아래서 ──── 37

제2부 염소와 국어 시간

치토스 치토스 ─── 40
염소와 국어 시간 ─── 41
똥밭에 앉아서 ─── 42
모과나무 ─── 44
샤인머스켓 ─── 46
엠보 ─── 48
스킨다비스 ─── 50
쓸개 없는 여자 ─── 51
시루논 증후군 ─── 52
풍선 인형 ─── 54
가분수의 방 ─── 55
계단들 ─── 56
소나무 아래서 ─── 58
장태산 메타세쿼이아 ─── 59
카오스의 1.5룸 ─── 60

제3부 두 번째 수족관

지는 단풍 ─── 64
버터링 쿠키 ─── 66
두 번째 수족관 ─── 67
Pocket List ─── 68
지하철 2호선 ─── 70
어떤 동창회 ─── 72
익숙한 터닝 포인트 ─── 74
야래향 ─── 76
그림자의 나이 ─── 77
반쪽 ─── 78
풀리지 않는 OX 퀴즈 ─── 80
Words and Sword ─── 82
옳은 손이 오른손 ─── 84
좌광우도 ─── 86
목련 ─── 88

제4부 다시 쓰는 토끼와 거북이

낮달 ——— 90
Exotropia complex ——— 92
눈 먼 볼링장 ——— 94
욱 ——— 96
착시 ——— 98
골든 리트리버 ——— 100
바라밀다 ——— 102
필똥 ——— 103
가수(嫁樹) ——— 104
다시 쓰는 토끼와 거북이 ——— 106
톱 연주 ——— 108
세인트폴리아 ——— 110
명자나무 ——— 112
영찬이 타일 ——— 114
사리 ——— 115

해 설

오민석 몸이 된 언어의 힘 ——— 116

제1부　호루라기 칼국수

비단 연못

못은 아픈 것이다
연못에는 잉어들이 몸을 비틀어
얼룩덜룩 멍자국 저절로 새겨졌다
출렁이는 물결 사이로

못이 쿡쿡 박혔고
끝이 길어진 못은 지느러미 되어
휘어지지 않으려는 탄력으로
조심조심 수면을 민다

햇살도 대못이라면 살 속으로 스민 무늬
쉽게 보여줄 수 없는 통증이 되었다
촘촘하고도 환한 비늘을 보여주는 게
가장 어려운 일이므로

못이 아니라고 말하고 싶지만
사선으로 내리꽂히는 오후의 시곗바늘로
깊이를 알 수 없는 못의 길이로
등덜미 길게 돋는다

연못도 옆으로 누워 있다
옆구리를 연 채로
툭툭 햇살을 받아 내고 있다

목련꽃 수제비

봄의 계단 앞에 서 있는 목련
뚝뚝 얼굴을 떼어 수제비를 끓이네
거듭 희미해지는 윤곽 속에
피는 얼굴로 마중하네

서로가 그냥 한 덩어리였을 때
당신 살 덜어 내게로 옮겨 오던 뜨락에
수십 수백 개의 손바닥으로 저미는

희디흰 살의 피
목련이 떠낸 피로 아직도 촘촘한 걸
희게 던져 놓고 휘이 저어 보는

그러나 이 봄에
자꾸 떠먹은 수저 때문에
마냥 울먹울먹해진 봄날이네

꽃잎 꽃잎 꽃 입을 보면
더없이 얇게 저민 그걸
뜨거워서 한 수저 뜰 수 없네

배고픈 우리 형제들이
엄마의 입술을 밟고 칭얼거리던 곳
얇은 입술이 너덜너덜해진
흙바닥에 비벼진 꽃잎이네

입술 부르튼 엄마를
물컥물컥 내 입으로 삼키네

첫사랑

눈 덜 녹은 가지 위
엷게 불거진 홍매화는
이월 살살한 눈길에도 농농하였다

눈 녹으면 꽃 활짝 필까
꽃 피면 그 눈 녹을까
행여 붕대를 풀면 상처라도 드러날까

한 치의 겨울 한 치의 봄
지긋이 감은 눈동자
차마 정색한 봄

겨울과 봄 사이
물음표와 느낌표 사이
바람도 잠시 기다리는
가지의 떨림도 잠시 멈추었다

호루라기 칼국수

뜨끈한 칼국수는 수십 가락 호루라기,
가늘고 긴 젓가락 들어 올리면
교통순경이 된다 네거리가 된다

나는 불어 볼 이름을 많이 가진 사람,
차선을 썰듯 후후 호루라기를 불고
국수를 건진다 나는 계속 계속 엉킨 걸 푼다

호루라기가 호로록 호로록 칼국수를 풀어놓는다
칼이 들어 있지 않은 국수
국물보다 뜨끈한 거리
도리도리 엉킨 내 머리

국숫집 앞 사 차선 도로가 비워지면
진하고 개운한 여름이 찾아올 것이다
돌돌 말린 호기심을 물고 순경 아저씨가
엉킨 도로 문제를 풀고 있다

일침요법(一鍼療法)

봉약침 삼릉침으로 굳은살을 제거할 수 있다는
MD 한의원 원장님 얘기를 듣는다
단단한 팔꿈치와 무릎 마디마디를 파고든
산성으로 변색된 관절을 연상하였다

오늘은 P 대학 K 교수와 가시를 몸속에 품고
살던 명태찜 접시를 앞에 두고 독대한다
살을 골라낸다는 건 가시를 남긴다는 말,
발린 살을 입속에 넣기 위해서
젓가락도 입속에 잠시 들어갔다 나온다는 것,

나는 한 점의 가르침에 대하여 입속에 잠시 들어갔다 나오는
가늘고 긴 젓가락만 빨고 있었다
아, 누가 이 흐릿하고 멍텅한 눈알에
단단한 젓가락을 쿡! 찔러 넣을 것인가

나는 딱딱한 명태 대가리만 남겨 놓으려고
누구보다 열심히 젓가락을 놀린 셈이다
시를 좋아하는 한의원 원장님의 봉약침의 얘기와

은유와 직유를 시침한 교수의 가르침으로
결판진 오늘을 한 상 차려 먹는다

아직도 배울 시가 있는 나는
이 추운 겨울이 가기 전에
MD 한의원도 가야 한다
통증을 대신할 통점을 찾아
따끔한 하나의 가르침을 시술하려면

A의 간격

A는 젖은 날개를 말리고 있습니다
울고 있었으므로
숲의 A와 A는 다른 말을 하는데
다 같은 소리로 들립니다

AA 울고 있는 여름
우는 동안 아픈 팔다리를 잊느라
배고플 이유도 없습니다

한낮의 아쉬움을 간질이다가
허공으로 남은 햇빛
아무도 보아주지 않는 눈으로
숲을 핥아먹고 있는 걸까요?

애써 찢어 놓은 등으로 다시 들어갈 수 없는
A라는 말은
적당한 간격의 눈물이라는 뜻이겠으나
사실은 B의 뒷모습입니다

기어이 등이 딱딱해질까 봐

추적추적 A의 가로등에 비가 내립니다
밤도 깊어 갑니다

세로로 등이 터진 친구가
차가운 가로등의 등걸을 붙잡고 웁니다
그도 A입니다

옆구리를 간질이면 잎이 자란다고 하는데
훔쩍, 어느 가지에서 당신의 말이 넘어올까요
쉽게 구분할 수 없는
MM 자음으로 들리는 모서리로

우울한 날에 모여 합창을 하다가
모음도 실종되어 가는 여름
비가 오면 조금 덜 슬플지도 모르겠습니다

분수

솟구치는 건 펄떡이는 꼬리 짓으로 말하는 거라지
아들에게 신선한 물고기를 보여줄 수 없어서
꼬리를 보면 몸통을 볼 수 있어야 한다고
나 자신을 위로한 거지

저 분수 앞에서는 내 목청도 남의 소리로 들려
가끔 발목을 빠뜨려 놓고
숨 가쁜 아가미를 뻐끔거릴 때가 있지

분수는 부끄러워하는 건지
더 낮게 몰입하기 위하여
내 비늘은 공원 나무들의 색깔과 동화되지 못한 채
울긋불긋 제 멋대로인데

솟구치려면 머리를 처박고
아무데나 아무렇게나 철퍽철퍽 떨어질 걸
동그랗게 콘크리트로 가두어 놓은 거지

가로수도 머리를 흙 속에 숨겨 놓고 펄럭이는데
희고 검은 구름조차 허공에 날 붙어

물 위와 물 아래의 동작이기에

보이는 것과 보이지 않는 것으로
단단한 것과 물렁한 것으로 나뉘지
문득 별빛이라는 솟구칠 구멍이
까마득 올려다보일 때가 있으니까

순대 공장

콘놈 속에 내가 들어 있다
질끈 끝을 묶어 놓고 미끈한 당면으로 불린,
아버지가 혈관 속 선지를 덜어 낸다

토막토막 긴 당면을 자르려고 내장 속을 채운다
나와 형들은 아버지의 혈관을 뚝뚝 분질러 먹고
순대로 순대를 채우기 시작한다

피는 피를 먹은
속을 채우려고 잠시 아버지는
손가락 굵기가 자꾸 굵어졌다, 가늘어졌다

XX를 묶고 긴 순대를 썰고
내일 팔 순대를 만든다 식물성과 동물성을 버무려
끝을 묶어야 한다 먼저 만든 순대를 위해
삶은 순대를 이어가는 것,

아궁이에 불을 지피다 만 어머니가 앙탈을 하면
가끔 삶기다 만 순대가 흐물흐물 툭 터질 때가 있다
터진 순대를 보면 당면한 정자들처럼

자궁 속 같은 가마솥 속에 내가 헤엄치고 있었다

어부바

미루나무에 업힌 매미의 다리가 자지러지고
햇빛이 대신 풀어헤친 머리를 감는다
세상의 관절들은 똑똑 소리 내며 산모롱이를 돌고
기차가 달려오면 소리들은 순식간에 숨을 죽였다

거실 전화기는 등에 업힌 채 한참 울고
세상 모든 관절은 말없이 앉아 등을 내어주거나
엉거주춤 서서 내어줄 등을 두리번거린다

빌라 옥상에 올라간 구름의 땀을 씻거나
그 등판의 넓이를 넘고 건넌다
나를 등에 업어 키웠던 세상도
제 손으로 누군가의 등판을 쥐고 버텨온 관절들

앞발을 얹은 계단들은 인도에 가지런히 앉아서
사연 절절하다 우는 수화기처럼
굽지도 않은 식빵에 붉은 잼 한 수저 푹! 떠서 발라먹는
2층 발코니에서 차곡차곡 파지 수레를 끌고 가는
노파의 등을 바라본다

희고 붉은 고물이 켜켜 얹힌 시루떡
새로 오픈한 정육점 주인 손바닥의 접시 같은
아직도 식지 않은 골목에 붉은 물감을 풀어 놓는다
살이 뼈를 대신하는 골목이다

등 돌린 그림자의 길이가 앙상하다
가로수와 전봇대를 옮겨 가는 동안 견비통을 앓고
나는 배가 고파 이 저녁 붉은 접시를
기다린 셈이다 오십견을 앓고 있는 줄도 모른 채

덥썩 시루떡 접시를 받아 든다
아, 왈칵, 통증의 겹이 자꾸만 늘어나는 시간이여

50대

다섯 신데 여섯 시, 일곱 시 같다
노을보다 먼저 알아버린 시간,
슬프지 않다 살아 있어서

네 시와
다섯 시라는 칼에 베어
뚝뚝 피 흘리는 노을처럼 걸어갔다

팔이 칼이 좀 더 기울어지고
더 자연스러워진
낙검(落劍)이 일말의 공격 자세라

내 나이가 몇이냐 물으면
그냥 다섯 시라고 말한다
칼의 울음도 잠시 쉬어 가는

어떤 방향을 정하지 않으려
길 하나를 가리키는 모양
다섯 시가 내 시간을 알려 주었다

나이 들기 전의 시간이라
아직은 중년이라 사로잡힌 침착한 절망,
시퍼런 칼이 들어와도 아프지 않다

한 사람을 위한 버스킹

우리 동네 주민센터 앞
플라타너스 얘기를 해야 한다
소리의 불성실을 여름마다 연주하는
누군가 들어주도록 벤치 옆에 서 있는

파란파란 귀가 없는 나는 간단한 나무의 소리를 들을 수 없다
나불나불 많은 잎을 지껄이는
헐떡이는 창백한 허파를

쿡쿡쿡! 그 사이로 날카롭게 찌르는
구두 뒤꿈치 굴러 보는
쿵쿵! 콧구멍처럼 폐포의 입구가 간지럽다

이쪽에서 저쪽으로 가르마를 넘기면
팔랑팔랑 묶은 갈채가 피어났다
솜털 같은 어린 구름들 몰려다니며

가지에서 가지로 옮긴 나무의 악보
기타도 드럼도 키보드 하나로 대신한

수없이 많은 잎을 떠안은

무대가 객석이라서
소리가 소음이라서
연주와 관객은 누구의 몫도 아닌 것,

더 이상 기다리지 말아야 한다
첨탑을 향해 환호하는 건 성전의 방향이니까
소리란 뾰족하면 되니까

스틱 잔가지로 뚝뚝! 부러지는 발치
찌푸린 하늘 온통 덮어 놓으며
내 이마를 가리는

나무는 누구를 위해 나무가 되는 걸까
모양도 색채도 의미 없는
센터 간판이 태양 빛깔로 물들어 간다

얼음 연못

꽁꽁 얼음의 주물을 뜨는 납작한 붕어들
대낮인데 잠을 깰 수가 없다 겨우내 언 속살
연못으로 탁본한 큰 입 작은 입,

하늘은 흰 눈을 뿌려 덮는데
붕어는 아가미의 붉은 숨을 감추었다

몸집만 한 공간이 필요하다 겨울만 보낼 수 있다면,
누가 짠 소금 알갱이를 던졌을까 촘촘한 비늘 사이로
허물처럼 흩날리는 눈들

움직이지 않으면 내가 갇혀 버리고 마는
하늘도 겨울을 덜어 지상으로 쌓아 놓는

반쪽만 열어 놓은 겨울 연못
주물의 형상을 뜨고 있다 기낭(氣囊)의 숨이 다 쉬어지고 나면
주검으로 돌아갈

무궁화꽃이 피었습니다

살금, 울타리 아래 여자가 웅크려 앉는다
두리번두리번 꽃 피울 준비를 서둔다
참았던 용무(用務)를 보려는
화단 안쪽으로 꽃들이 피어나는 여름,

입들은 다섯 장 겹으로 벙그러지며
하나같이 다른 곳을 보는 척하고 있었다
꽃이 피었다가 지는 동안 나는
오른쪽 왼쪽 책의 지문만 읽었다

필 때와 질 때를 구별할 수 없는 꽃,
향기는 바람의 흔들림으로 온다
저 꽃을 이해하지 못하면
나도 음탕한 집주인이 되는 것이므로

동전과 담배와 해변을 참은 그녀,
벌, 나비 수분(受粉)하듯 투표를 했을 그 꽃,
부끄러움과 아름다움은 같은 종류라고 꽃이
꽃을 가려주고 있었다

여름을 다 읽기도 전에 그는 울타리를 빠져나갈 것이다
강의도 들으러 가고 시험도 치를 것이다
울타리 아래서 시험을 치던 여자가 교실에서 방뇨하듯
볼펜 꼭지처럼 다시 오므라드는
꽃몽오리가 될런지 모른다

무궁화꽃이 피는 동안 누구도 방뇨를 한다
하나가 지기 전에 또 하나가 피는
겨울이 올 때까지 무궁화는
한 무더기로 필 것이다

뻔뻔한 날씨

주름에 갇혀 있다 펼 수 없는
번데기의 뼈은
광채조차 죽었다 촘촘한 날과 씨의 결을 풀어내다가

안으로 이어져 있는 질긴 날
씨의 끄트머리를 찾는다
종일 뽕잎을 갉아먹다 겨우 쭉정이 하나를 남겼다

고치라는 말은
팔다리가 필요치 않다
보이는 눈도 필요치 않다

산 너머로 날아가는 나방의 날갯짓보다 넓다
풀어야 할 건 안으로 풀어야 한다는 말이
뻔뻔한 주름의 날씨다

주검의 빛깔이
날과 씨의 흔적이다
안으로 풀어 지은 집의

가로로 세로로 엇갈린 골목에
취객 하나가 길을 잃었다가 겨우 실마리를 찾았다
주름만 되레 선명해졌다

탱자나무 아래서

울담 사이, 아무것도 맺지 않는
가시가 될 것이다
달빛 속으로 굴러간 노오란 탱자
단 한 방울로 매달릴 것이다

아야 어여 아픈 글자들처럼
울울창창 담장에서 애꾸눈 사내가
어느 우물 속에
자음 대신 아픈 달을 걸었으리라

울담도 핏망울 같은 미늘을 흔들어 보여 준다
엉성히 물 빠진 둑 위
달 하나 떠오르기 시작하면
내 목에도 날카로운 바늘 하나 걸린 거다

너는 손가락 위에 노란 알맹이 하나를
나는 우물처럼 빈 달빛을 사랑하였다
빛깔이 다른 두 개의 눈동자가 떠오르면
굴뚝새 한 마리 그 속에 몸을 숨겼다

제2부 염소와 국어 시간

치토스 치토스

따조를 얻기 위해 치토스를 산다
치토스는 버리고 따조만 주머니에 넣는다
이마가 불룩해질 때까지 치토스 치토스

따조 따조를 엮어 집을 짓는다
엄마가 대신 치토스를 먹는데
칼로리는 토스 토스
잔소리를 봉지에 씹어 뱉는다

따조따조 동그랗게 엄마의
치타보다 사나운 엄마의
바삭하고 뻔한 손가락 끝을 따라가 본다

엉금엉금 쇼파 밑을 기웃거리며
침대와 침대 사이로 길고 뾰족한 걸
쿡쿡 드밀어 본다 어느새
나도 따조가 된다 동글 납작한

샛노란 치토스 부스러기가 방에 굴러다닌다 먼지와 같이
60개 따조를 다 기억할 수 없어
서점에 가듯 또 치토스를 산다

염소와 국어 시간

염소에게 풀을 뜯겼다
뿔로 물음표, 느낌표를 그리며
꼭꼭 씹어 삼키는

제비꽃 달개비꽃 물음표를 삭제하느라
입속에 터지는 따옴표가 되었다
염소를 끌어다 매는 건 학교 가는 것보다 우선하는 거라서

내가 아는 건 되새김질하는 염소밖에 없다
집에 가는 길에 염소를 끌어오는 건
풀들이 먹을 걸 알아챈 증거이므로

매애애 매애애 염소가 걸어가는 길마다
수십 수백 개의 마침표가 남는다
똑똑한 국어책이 된다

똥밭에 앉아서

말똥 하나를 걷어찬 적 있다
말이 자란다면 내가
들리지 않던 소리를 들을 수 있는 것처럼

똥과 땅이 분리된 사이
허둥지둥 자기 속내가 들켜 버린 개미 딱정벌레
제 집을 찾아 두리번거렸다

말똥을 집처럼 쓰고 사는 벌레들
결국 벌레를 내 집에서 끄집어내거나
집과 똥을 혼동하는 일

내 입술 어디에 싱싱한 풀이 있었는가 풀들이 일어서서 똥을 들어 올리면 말똥은 조금씩 신선해질까 어떤 똥의 무게를 쓰고 삶의 지붕을 굳혀갈 때 똥과 땅은 그렇게 간격을 벌려야 할까

개미처럼 머리가 새카매지도록 똥을 쓰자
생각은 형체를 갖추고
햇빛의 모양으로 빚어졌다

기어이 똥을 들어올린 꽃들
억눌렸던 꽃향기는 더욱더 눈부셔서
멀리 퍼져 나가기는 벌들도 망설일 게 없다

말똥을 걷어차자,
생각하니 머릿속은 스멀거리고
들판엔 온통 벌 나비뿐이었다

모과나무

목련아파트 화단 앞 모과나무는 그녀의 마네킹입니다
옷을 자주 갈아입습니다
그 몸짓은
그만이 알아들을 수 있는 향기와 빛깔과 같아서

화단에 드리운 그늘이나 경비원 아저씨의
쓱쓱 바닥을 쓰는 의미입니다
인도와 화단을 이어 놓은 경계석 위에
콘크리트와 다른 빛깔을 구분 짓게 하는

이런 잎도 나의 옷이 아니라서
헐렁한 겉을 여미며 작년엔 301호를 올려다보고
오늘은 201호를 내려다봅니다

까마득한 높이에 멍울 하나 부풀면
내 가슴에도 서툰 열매 한두 알 맺힐 것입니다
갈아입을 옷을 망설일 필요가 없는 지금
어디를 봐야 하는지에 대한 응답입니다

모과,

지금도 그가 있기에 나는
아무렇지 않게 옷을 벗습니다

샤인머스캣

자물쇠도 없이 꽉꽉 닫혀 있다 아이들의 방과 거실 창문을 열 때마다 가슴 찢어지는 소리를 냈다
아이들의 외투가 한 번 입고 버린 푸른 그림자 같다

아직도 햇살을 바디로션처럼 얼굴에 바르며 아이들은
어딘가 갇혀 있어야 한다고 생각한다
추석을 사흘 앞둔 날이다

눈동자 하나하나마다 아직도 설익은 여름의 빛깔이 남아 있다
씨를 갖지 못한 게 이유다
아이들은 구겨진 신문지 같은 태중의 기억만을 가졌다

"크리스마스인 오늘 저녁 날씨는 눈이 오고 바람도 약간 불 것으로
예상됩니다."와 같은 이전의 기사를 찢으며 수없이 많은 향기의 부스러기들이
올올이 풀려나와 거실을 채운다

추석을 사흘 앞둔 날 저녁이다

떠날 곳 없는 늙은 아이가 가장 네모난 식탁 앞에 앉아
파란 속옷 하나를 벗으려 애쓰고 있다

엠보

날 좋은 봄,
아버지를 목천 선산에 모셨다
개운치 않은 뒤처리를 위해

포크레인이 묫자리를 만들기 위해 불퉁한 산비알을 다져
쾅쾅! 바윗덩어리 나무뿌리를 캔다
벌겋게 드러나는 속살을

주검을 묻기 위해 살아 있는 산을 파헤치는 이유를 생각했다
  결국
  삶이 묻히는 자리에 대하여
  벌겋게 드러난 봉분에 대하여

무덤들이 왜 볼록한 모양인지 몰랐다
울퉁불퉁한 산을 깎아 다시 명분을 만드는지
나는 속살이 보일까 싶어 얼른 겉옷을 여민다

팔당에서 목천을 향해
죽은 아버지와 함께 타고 온 운구차에서

시집 겉장의 엠보를 더듬으며
내가 죽어 들어 갈 자리를 가늠하였다

스킨다비스

'ㄱ' 꺽쇠에 화분을 걸었다 그 속에
고구마가 들길 바랬다

하필
머리를 풀어헤친 누나와
가끔 그리고 자주 머리를 쓰다듬는 푸른 손바닥,

물음표를 가지지 못한 우산
손잡이 없는 진열장에 거실 대형 유리에 터치식 조명까지

아직도 외상값을 갚지 못한 소년처럼
자주 그리고 가끔
나는 내 머리통을 찾아 온 집 안을 헤맨다

수년째 효수되어 걸려 있는 조바심처럼

쓸개 없는 여자

쓸개 없는 김 여사 병원서 퇴원하는 날,
내 귀는 '게' 자와 '개' 자를 헛갈리기 시작했다
그저 통증으로만 대신하는

담즙은 응축되었을까 담낭 속으로
꿩 알만 한 씨앗이 열릴 때
그녀는 쓴 걸 아프게 꺼내었다

쟁반에 쓴 걸 보여 주는 외과의사
시집 말미의 평론가처럼
쓸개 없는 삶에 대하여 주저리주저리 건조한 목소리로
자기 어머니도 그랬다고 말했다

녹황색 담즙이 십이지장으로 흘러가지 않는 여름
고(苦) 자는 써서 퍽이나 아프지만
쓴 게 없는 길 여사의 새벽도 아무렇지 않게 밝았다

시루논 증후군

홍건히 고인 물은 어디로 스며 사라진 걸까
금 간 흔적이 없어 커다란 구멍으로 밑이 빤히 보이네
검은 흙을 이해하자
영혼조차 말라죽은 흔적이 있다면 한 움큼 잡아 뜯으며

갈라진 논에는 푸석한 한숨이 쌓이고
칸칸 네모나게 나누어 놓고
마냥 위의 논은 아래 논으로 사랑해
아래 논도 아래 논으로 사랑해

허물없는 논과 밭 사이에는 둑이 없어
움푹움푹 다만 깊어져
누렇게 말라가는 어린 색깔의 싹들
은유 되어 가는 가냘픈 포기에

ㅏㅑ ㅓㅕ ㅗㅛ 아픈 말을 해
촘촘한 시루를 서점에 가서 한 권 사고
또박또박 층층 계단을 걸어 내려오고
둑이 없으면 그냥 밭이라 말해

건조해 나는 질퍽거리지도 않고
이런 날 경작해 주렴,
하고 말하면 마냥 슬퍼져
바삭한 속을 숨기려고 검은 흙을 덮어 놓고

자꾸 밑 빠진 독에 물을 붓는 건 지혜롭군
꼬르륵 꼬륵, 물 빠지는 소리가 가끔 들리니?
나도 너도 너도
조금씩 시루논 같아

풍선 인형

밤마다 몸을 부풀리느라 잠을 못 자요
꽃 핀 듯 눈동자는 허공에 전구를 달고 반짝이고요
팔꿈치에 바람이 들어오면 지나는 사람 툭툭 건드려요

불편한 동작을 해요 오늘은 후라이드 치킨집 앞에서
숨을 안으로 감춘 175cm,
속없는 몸짓 때문에 사람들 식성이 달라졌데요

바람이 들어찰 때마다 윙봉 닭다리 바삭바삭 익어 가는
퍽퍽한 사람들 닭가슴살에 관심이 없어요
투명한 피부 얇은 빈속이 빤한 거죠

까닥까닥 가리키는 손가락 쪽으로 손님이 들어요
바람난 몸집 크게 부풀린 거라서
날아갈 수 없게 물통 발목을 고정한 거래요

침대 모양 간판 허공에서 반짝여요
부풀린 몸집을 벗어나고 싶은 치킨집 앞 인형의
딩동, 배달의 민족! 주문 소리 들려요

가분수의 방

서로서로 1 : 1인 방이다
부끄러운 줄도 모르고 긴 옆구리 비비적거리는
노랗게 염색하다 만 머리
까만 비닐로 싸 놓은 방이다

잔뿌리가 자라지 않게 물 주고 덮어 놓고
눈꺼풀 콩꺼풀로 변하는 중이다
일일이 일일이 노란 머리로 줄 세운 방이다

백발백중 양궁 선수가
시위를 당기기 전
살살 눈 감고 더듬어 보는 방,

주둥이 모양으로 일제히 멈춘
문고리 없어 암막 커튼 슬쩍 들춰 보는 방,
꼬리 대신 팔다리를 떼어 버린 도마뱀 모양이다

출근길 등굣길 빈자리 없어 허공에 매달려 가면
버스 기사는 보이는 머리 숫자만 세어 보고
몸통을 볼 수 없어 머리통만 세어 보는
아직도 캄캄한 방이다

계단들

계단은 접히다 만 그림자를 끌고
천변을 내려가고 있다 나는 여태 부치지 못한 연애편지를
몇 번 접을까만 생각했다

우체국은 가까이 있으나 발아래는
사선의 그늘이 나를 당겨 끌고 있었다
쓰다 만 편지라서 주머니에 도로 넣는다

기울어진 계단은 욱신욱신 접는 나를
펼쳐 놓고 있다 다리보다 머리가
먼저 계단을 내려가고 있었다

하고 생각하자 그림자는 되레 접히고
있었다 나도 계단처럼 콘크리트로부터
직각에 가까운 팔다리를 배우고 있다

하고 생각하자 무작정 발아래서 계단이
생겨났고, 무작정 계단이 생겨나자
그림자 하나가 내 발에 꼭 맞는 층층계를 만들었다

나는 천변을 걷기 위해 그림자가 만든 계단을 걸어서
내려간 셈이다 가장 긴 저녁을, 접히지 않은 저녁을 만들러
계단으로 계단을 내려간 셈이다

소나무 아래서

앉은뱅이 소나무 아래
쓰다 버린 호침들 수북하다
진료 시간 끝났는지
노을도 넘어갈 고개를 찾은 것인지

해가 놀던 가지에 달이 또 앉아 놀고 있다
툭툭 나무의 겉옷도 갈아입는다
침 다 맞고 환자들은 어둠 속으로 사라지고
침통은 내게 옮겨진 것,

동그란 눈동자가 내려다보니 눈부시다
혹시 남은 피침이라도 없을까 생각하자
툭툭 털고 일어서는 골짝에서
따끔! 한 방 엉덩이 찌를 건 또 무언가

장태산 메타세쿼이아

뾰족뾰족 벌어진 잎 사이
선명한 바람 한 자락이 흘러갔다
양팔에 걸린 순한 양 한 마리 슬쩍, 나무를 흔들어 놓고

나무는 진작부터 나무가 아닌 것 같다
원래부터
산도 아닌 것 같다

나무는 햇빛보다 끝이 따가워
그 말들이 곧
휴양림의 아침을 만들 것이다

그런 사이가 점점 틈을 메울 것이라
장장 너의 푸른 잎들이
태산의 흔적이라도 지울 것이다

카오스의 1.5룸

솔로의 방도 몸살을 앓다가 널브러졌군 어지럽게
눈 코 입 뜰 수 없는 조명 아래
진창 환해진 기원을 알아 버렸군
바삭바삭 먹다 남은 양파링 새우깡 봉지 입 벌린

개미와 바퀴벌레는 주방과 화장실과 침실을 혼동해
솔로는 솔로몬보다 풍성해
알고 보면 혼동은 혼돈보다
무한 은혜로운 거니까

지금이라는 머리통이라 살아 있는
비어 있는 것이나 꽉 들어찬 것이나 다 같은 내장 속,
결국 다 쓸어 담지 못할 세상
방도 방 밖으로 밀려나 버렸군

그나마 오른쪽 왼쪽을 감싸쥐고 있는 양말,
애들아, 뒤집힌 세상 주먹 하나는 꼭 쥐고 있어야 돼
스티로폼 턱 더 크게 벌린
착착 포개지는 일회용 컵라면 용기,

태초의 방은 혼돈을 현실로 구현하기 위해 제각각 문 안쪽 잘 보이는 곳에 자신의 희망을 숨겨 두었다 아직도 꿈을 꾸는 어리석은 이들에게 하늘에 계신 우리 아버지여, 라고 부른다 우리는 밤이 다 새도록 머리 복잡한 질서 속에 들어앉기를 스마트 똑똑! 노크를 하였다 아버지는 혼동이라 말하고 나는 혼돈이라 말하며

야근하고 늦잠 자고 알바하고 잠자다가
뒤집혀 겉과 속이 같아진 방,
저런 저런 속을 또 뒤집어 놓고 있군

싱글은 더블보다 잡식이라서
속속 불편한 모양이군
커다란 입 벌려 아무것이나 아무렇게나 삼킨

자다가 더듬어 보면 누구의 뒤집힌 속이 만져지는 것 같아
얼른 화장실로 달려가 비워 버리고 그랬다
비틀린 시간이 소용돌이치면서
힘껏 어디론가 빨려 들고 있었으므로

제3부 두 번째 수족관

지는 단풍

나무가 손을 내밀자 산에는 가을이 왔다
바위는 가위에게
이긴 걸까 진 걸까

빨강의 정체를 알 수 없어서
반짝반짝 이겨 놓고 즐거워하는 줄 알았다
주먹 쥐고 태어난 나와 반대인 것처럼

이기는 방법만 알아주는 세상
지는 순서를 잘못 이해하였으므로
우리는 처음과 나중을 바꾸어 사용하였다

팔랑팔랑 흔들어 보는 손금의 흔적
단풍은 지며 이기는 따뜻한 동작,
나무를 알아보는 빛깔이 되었다

펼쳐 보아야 할 잎이 많은 산
모두 다 물들지는 않겠다
지금은 보에서 바위로 변하기 전

나무가 내밀고 있는 수어(手語) 때문에
내 손가락은 가을을 세는 방식을 모두 헤아리지 못하고
아직 다 펼쳐보지 못했다

먼저 내민 잎이 먼저 흙으로 돌아갈 것이기에
나는 지는 방법을 다 배우지 못할 것이다
가위를 내밀면 지고 말까 봐

버터링 쿠키

빙빙 도는 해가 아침마다 떠올랐지
소용돌이치다가 눈을 질끈 감은
비루하고 궁색한 변명 같은

모서리가 둥그러질 때를 기다렸지
사람들 사이 커피잔 사이
입안에 엉겨 진하게 느끼해진
태양의 모서리는 새로 뜨는 해인지 노을인지

팔월쯤이었을까 새벽쯤이었을까
우물우물 우윳빛 향기를 뱉어낸
저 과녁을 향해 몸을 회전하는
물어볼 말이 있을 것 같은

그의 눈동자를 삼키려면
버터와 쿠키 사이
버퍼링을 꼭 맛보기로 해

두 번째 수족관

거실과 베란다로 나누어진 유리는
옆으로 열려 막연해요
없는 문고리가 당연해요

안팎에 걸린 사연이 보이지 않아서 건너편이 환해요 투명한 벽을 수직으로 세워 놓으면 수족의 벽이 되어요 벽 너머에 셔츠와 바지를 걸어 놓으면 손발은 보이지 않아요 아, 줄을 너무 오래 잡고 있었나 봐요

멀리 날아간 상반신은 돌아오지 않고 양말은 문틈에 끼어 있고 소주병 몇 개는 하늘로 동그란 입을 빼끔빼끔 벌려요 부는 바람은 소리도 없고 황사는 오늘과 다른 세상에서 날아와요 펄럭인다고 다 살아있는 게 아닌가 봐요

부옇게 흐려지는 창 너머
오늘 퇴근한 건물이 보여요
세상에나 목 없는 셔츠가 이쪽을 건너다보고 있네요

Pocket List

멍텅구리 주차장이에요 새벽인데 밤이 가득해요
형이 손을 깊은 주머니 속 목록에 넣으면
운석 떨어진 자리마다 오목해요

대낮보다 민감한 어둠
주머니 속 난쟁이들은 환한 눈이 필요하지 않아요
새벽이 오기 전에 들켜 버린
5시 30분에 멈춘

깜빡깜빡 차창 안쪽의 별빛이 드물어요
무언가 우물거리는 모습이에요
가끔 눈도 깜박이며
손은 반대 손을 더듬어 찾아요

찾는 걸 잊을 때까지 연신 꼼지락거려요
저런 속내라야 뻔한 것
뒤집어 탈탈 털어본 적 있을까

형은 금속의 끝을 뒷주머니에서 꺼내어 사정없이
시계 방향으로 귓바퀴를 잡아 돌려요

아하, 그제사 안쪽이 된 바깥
부릉부릉 6시 30분에 우리는 지금 막 도착해요

무언가를 찾는 사람은 두 손을 감춘 사람,
무얼 많이 가졌는가 와는 다른 공식이에요
난 형의 주머니 속 과거를 의심해요
서둘러 잠 깬 사람은 모두 속 깊은 리스트를 숨겨요

지하철 2호선

환자들 대기실은 출근길에도 있다지
어디서 접수하고 앉은 걸까
흔들흔들 몸 가눌 수 없으면
누워 기다리는 것도 괜찮겠다

앉은 순서가 순번이 아니라서
내릴 정류장을 알 수 없어
길 떠나고 싶은 사람들이 모여
열차가 된 것 같아

스피커 잡음 섞인 방송 소리 들려오면
내 이름은 종각이 되고 사당이 돼
먼저 내릴 사람이
옆 사람의 표정을 힐끗거린다 해도

앓고 있는 병을 몰라서
비좁은 대합실을 나란히 앉아
아, 잘 굴러가던 지구가 덜컹거려
종점을 알 수 없는 2호선 같아

도시 환자들의 표정을 지워 먹는
어떤 예고도 없는
미아역을 지나는 내 사랑이 길을 잃는지 기다려 볼까
덜컹덜컹 출입문 아직 열리지 않는

아이스 아메리카노 테이크아웃 커피잔을 흔들고 있는 저 여자
어느 병을 앓고
어느 씁쓸한 처방을 받아온 걸까
환승할 교대역은 조금 더 남은 것 같은데

어떤 동창회

옆구리 허전한 동창회도 있다
총무는 툭툭 가위질을 하고
만년 회장이 썰린 파채를 살살 버무린다

철망처럼 늑간이 뜨거워지는 순간
지글지글 불판에 덮혔던 붉은 겹들
잠시 희게 변했다

맵시큰 연기가 피어오르는 식탁 위에
기다리라는 말이 1년처럼 길다

세 겹 아닌 삼겹살을 세어 보다가
가로를 세로로 잘라 놓고 들여다보는 순간이다
자리는 먼저 앉은 순서가 아니었으므로

살은 구워지고 지방도 녹아 얇아지길
납짝납짝 내 속도 뒤집힐 순간을 기다리는 중이다

1년과 2년 사이의 틈이 선명하다
다만 뚝뚝 끊어진 차선처럼 희게 이어져

이 만찬은 30년 넘도록 모였다

삭둑삭둑 한 뼘이 넘는 삶의 길이가
마디마디 썰린 입으로 나누어지듯
동창회 식탁 위에도 옆구리 같은
보이지 않는 친구의 살이 씹히고 있었다

익숙한 터닝 포인트

후프를 허리에 맞추려고 빙빙 돌리면
남들이 보든 안 보든 몸매는
시계 방향으로 돌아가고 싶은 거죠

이모작의 나이를 자랑하고 싶어
몸이 속삭인 말에 귀 기울인 거죠
꽃들의 빛깔을 갸웃거리다가

돌아가는 시곗바늘을 바라보다가
허리가 잘룩해지는 순간
오목한 지름을 상상한 거죠
더부룩 허리 33인치로

3일에 한 번 다짐을 하면서
물 한 모금에 감사하는
뒤집기 전의 시계를 만났으므로

허리띠 구멍이 점점 넓어져
얕은 배꼽의 깊이를 상상해 보는 것처럼
후프의 반대로 몸이 돌아간 거죠

돌리고 돌려서 날려보는 꽃잎처럼
땀방울은 원형의 바깥으로 떨어진 거죠
세상이 돌아간다고 믿었던 머리를
맘껏 도리질 치는

야래향

무성한 둑길, 발걸음 멈추어 서서 치켜 올려다보는 하늘의 밤은 짧았습니다 빛바래 가는 달빛과 그 빛으로 옮아 붙은 꽃잎, 당신도 과연 나를 바라고 있는 걸까 그것만 망설이기로 합니다 이 초라한 꽃 지기도 전에 여름이 먼저 지나칠 것 같은

조바심으로 지기도 전에 또 피고 더 피울 게 있는 줄기로 목이 점점 길어지는 언덕, 여기서는 부끄러움도 감출 수 없습니다

첫사랑이 아니더라도 또한 마지막 사랑이 아니더라도 홀로 떠오르는 당신 그리운 밤이면 들판 가득 당신의 향기가 피어납니다 밤도 환해지는 철길,

당신 이름 빌려 피어난 길,
눈 코 입 다 지워버린 얼굴로
나 너무 오래 마중하였습니다

그림자의 나이

학교 운동장 흙바닥의 갈래머리 계집애가
목필로 언니의 그림자를 가두려고 애씁니다
꼬물꼬물 그늘의 나이를 새기며

플라타너스 잎이 학교 지붕을 파랗게 덮는 사이
점심이 저녁으로 옮겨 가는 사이
교무실에선 선생님이 얇은 출석부의 주름을 읽습니다

오른발에서 시작하여 왼발로 돌아오는 선,
계집애가 흙바닥에 언니의 반경을 그려 넣는
그려지는 나이로 한 살 더 먹는

연못의 금붕어 한 마리가 물을 잠시 흔들어 놓을 때
한 시간에 한 살 먹는 나이 그게 그림자의 나이입니다
한 시간에 한 뼘 길어진 길이 그게 언니의 그늘입니다

반쪽

―오빠, 이거 좀 쪼개 주세요.
영심이가 통로 이편으로 빨간 사과 한 알을 건넨다
사과는 대전행 KTX 안에서 반쪽으로 나누어 졌다

하행선 철길이 두 갈래로 나누어지는 순간,
붉었던 사과가 환해졌다
통로로 구분되는 몇 뼘 사이의

알 듯 말 듯한 사과 향 번졌다
기차가 두 갈래 선로를 달려가며
호남선, 경부선 끝까지 달려갈 길을 가리켰다

반쪽이 반쪽을 바라보는 방법이다
붉어질 때가 있었다면 환해질 때도 있어야 한다
내 것처럼 네 것이 나누어지는 순간이다

둥근 기차 바퀴에는 일탈의 흔적이 없다
기울여 주는 안쪽 선로가 있기에
기차는 덜컹이면서도 산모롱이를 돈다

남행선 KTX가 달리는 철길 위로
반쪽 달빛이 환하게 떠오르듯
영심이 낯빛에도 수줍음 같은
은은한 사과 향이 번져가고 있었다

풀리지 않는 OX 퀴즈

첫동! 하고 외치면
O와 X가 나뉘었다
동그랗고 네모나게

휙휙 팔을 골프채처럼 휘두르기도 하며
허리를 바짝 굽혔다 폈다 하며
쓸데없이 먹고 먹혔다

엄마가 부를 때까지만 어울려 있기로 했다
뒷면 없는 앞면만 기억하며

X는 속을 접어놓는 순간 네모가 되었다 O는 얼굴만 비춘다 안팎의 경계는 고작 발목 두께로 아이들은 서로의 뒷면을 뒤집어 보려고 땅땅! 바닥을 후려친다 납작한 껍딱지처럼 쉽게 제 속을 보여 주지 않는다

뒤집히거나 먹힌 우리
순번에서 물러나지만
다른 등에 포개지게 마련,

X인 아이들은 O에 관심이 없다
O인 아이들은 홀짝을 더 좋아하기에
아이들의 행동은 다르거나 틀림이 없다

X는 O보다 크고 속이 깊지만
X가 될 수 없는 O는 O만 옳다
그리하여 X는 X가 옳고
O는 O만 옳다

O 안에 X가 없고 X 안에 O도 없다
풀리지 않는 숙제처럼
뒷면을 보이기 싫은 것만 똑같다

엄마가 아직 부르지 않았으므로 배도 고프지 않다

Words and Sword

날카로운 말은 부드러운 S의 뒤에서 자라고 있지
반짝이는 치아의 성을 지키려고 얼굴에
한 줄 두 줄 늘어나는 시간들
거울을 볼 때마다 깊숙이 패인 고집으로 변하지

여기저기 가을이 이별하는 동안
점점 선명해지는 말들만
헐벗은 가로수처럼 줄을 서지
S의 유연성을 너무 믿은 것 같아

이런 고리는 아픈 서로를 꿰어
step step 끝없는 은하를 건너는 일,
고개 잠시 숙일 때마다
숙연한 말들이 둥근 머리를 쓰다듬고 지났으니까

그제사 따가운 풀밭에
맨발로 걸어가는 네가 있어
여린 발자국마다
한 점 한 점 이어지는 별
어디로 발을 내디뎌야 이별과 마주할 수 있을까 하는

문 열 때마다
창밖이라는 세상에 놀랄 때마다
행여 바람이 서글픈 가을마다
서걱서걱 몸 베이며 새살이 돋기를 원해

Spring Spring 볕 좋은 날이라 생각하며
아픈 눈 또 씻어 봐
단단한 땅에서
연둣빛 싹이 뚫고 나올 거니까

옳은 손이 오른손

나선(螺旋)은 고둥의 껍질로 완성한 신의 안배로
시계 반대 방향으로 돌아간 질서다
왼손잡이 둘째 형의 완고한 고집의
탈각(脫殼)의 골이다

날카로운 껍질에 아이들 손은 쉽게 베인다
왼쪽은 길게 자라 나상(螺狀)이 되고
오른쪽은 입을 가리는 덮개라
누구나 쉽게 잡는 고둥이다

산에 강에 바다에
바위마다 쩍쩍 달라붙는 빨판의
길어져 뾰족한 펜촉이다

왼손에 탱자 가시를 들고 다슬기를 돌려가며 까보라
내가 불구거나 세상이 불구거나
둘 중 하나일 것이다

갈등도 이 세상을 얽는 방식이지만
이건 다른 이유의 사건이다

바르지 못한 버릇이 습관이 되는 순간
아이는 세상에 대한 불평(不平)을 배운다

태초의 먹거리로 굳어진 오랜 습관
조직 구성원의 회전 반경이 부자연스러울수록
회전의 반경은 좁아져
싱싱한 알맹이의 길이가 짧다

소라 우렁이 딜팽이 다슬기 고둥의 방향으로
배꼽의 방향으로 돌아가는 역사,
그 집에 맞는 손이 오른손이다

옳은 손이 오른손이다
더 배고픈 아이가 오른손잡이가
잘 돌아가는 나선이
구성원의 규례다

좌광우도

왜 상처에다가 상처를 입 맞추는 거지
왜 상처 위에 빨간 립스틱을 바르는 거지
광어 도다리처럼
남은 반쪽 눈을 가려 놓고

옆구리에 회칼을
푸욱!
꽂아 넣은 거지 누가
선홍빛 심장에 빨간 초장 간장 묻힌
젓가락을 집는 오른손 모양으로
멈춰 있는 거지

촉촉하고 부드러운 침대보가 깔린 이 잠자리 위에 편안한 안주를 씹어 우물거린다 씹는 소리도 없이 씹는다 횟집처럼 우리는 환하게 웃는다 우럭처럼

아직 살아 있다고 믿고 싶은 숙성이 덜 되었다고 믿는 비릿한 눈 고소한 뱃살로

잠시 눈 감았다 떠보니

내 옆구리 살을 뭉텅 떼내 놓고
벌려 놓은 걸 다시 잇대 놓은 상처 같은
그 통증마저 집어삼키는
입술로

누가 광어 도다리 그 맛을 구별하려
빨간 혀를 놀리는 거지
누가 가장 동그란 눈꺼풀을 가리려고
상처와 상처 사이에 혀를 드미는 거지

목련

그녀가 빨래 바구니에 브래지어를 벗어 던진다
A와 B의 차이의

앞뒤 똑같은 그녀를 사랑할 수 있을까
아, 꽃잎에도 두께가 있었네!

아직은 꽃인 그녀가 겹을 벗는다
그녀의 순간이 더 예쁘다

B는 A의 옆모습이라서
상상할 게 있는 그녀가 좋다

제4부 다시 쓰는 토끼와 거북이

낮달

두 개의 눈동자가 있다 하나는 지상에 다른 하나는
산등성이에서 서로를 바라보는
헤어진 연인처럼
내가 나를 바라보는 허공의 일부처럼

나 대신 떠나간 눈동자가 있다 망막박리였을 거라는 의사의 소견과
안구 출혈이었을 거라는 뒤늦은 진단으로
허공의 일부가 되어 버렸을 설상가상,

더 이상 지상이 될 수 없는 낮달이 나를 바라본다
낮에 뜨는 희미한 흔적으로,
눈이 있어도 다 볼 수 있는 게 아니라고

영원히 헤어지지 않을 자리에 떠 있다
맑은 날 흰 눈의 편린이거나
살아 있거나 죽은 이의 눈물 흔적으로 떠 있다

땡그랑 동전 떨어지는 소리조차 삼켜지는 하늘 저편
나를 보고 있는 누군가 있다는 믿음으로

살아야겠다

굴러가다 맨홀 속으로 빠져들지 않았으면 좋겠다
오래 구울러갈 수 있게
울퉁불퉁 아스팔트 위에라도 오늘은
노을이 찾아오지 않았으면 좋겠다

큰마을 아파트와 도솔산 높이가 같아지는 곳에서
서로가 서로를 모른 척하다가 허공처럼 바라본다
더듬더듬 안과 검진 받고 오는 길을 살피듯이
희게 초점을 맞추는 의사의 조리개처럼

초등학교 2학년 때 반짝이는 100원짜리 동전, 삼킨 하수구,
 저기 무너졌던 하늘이 낮달처럼 반짝 떠올랐을 때
 하늘은 진작부터 내가 잃게 될 시력과 남게 될 시력을 헤아리듯
 방영될 드라마의 대본을 떠듬떠듬 읽어 주고 있었다

Exotropia* complex

그 예식장서 나는 누구와 눈을 맞추었을까요?
사진사는 하객을 보지 말고 카메라를 보라고 말합니다
고정한 15도 각도를 비껴갔다고

렌즈를 보려면 왼쪽 하객을 봐야 하는데
잠시 딴청을 피는 게 맞는 거라고
진실로 진실로 거짓을 말합니다

 한눈을 파는 사이 그 아름다운 장면이 현상되기에, 드디어 신부는 꽃을 축복처럼 던질 수 있기에, 똑바로 보는 방법이 가끔은 나쁜 짓일 수 있기에,

 당신의 가시권 밖에 있는 걸 내가 보고 있다면 당신은 믿을 수 있을까요? 오른쪽 등 뒤의 유령을 보지 않기 위하여 왼쪽 허상과 눈을 맞춰야 합니다 이런 현상도 자신의 시선이 옮아 붙은 방향으로 걸어갑니다

 말 걸 때만 돌아오는 눈동자는 당신만의 오해,

그야말로 한결같이
자기의 자리로 돌아가는 착시입니다

나만 보는 방식을 인정하지 않았으므로
그 동그랗고 단정한 빵모자를 확! 벗겨 내고 싶은
당신은 나를 보고 있는 게 맞습니까?

착각 착각 이런 결혼은 서로가 같은 방향을 보고 있는
그 오목한 줌 속에 갇히고 싶은
저런 검은 것과 나는 대신 눈 맞춰야 합니다

---

* 눈동자가 정면을 보지 않고 바깥쪽으로 향하고 있는 질환 즉 외사
시.

눈 먼 볼링장

나는 지금 내 머리통을 들고 서 있다
벼랑인가 절벽인가 알아보려고
몸통을 거기 세워 두고
쿵! 머리통만 던져 본다

짝짝짝 사람들은 잘했다고 손뼉을 친다
다른 머리라 생각하며 또 머리를 주워 드는데
세상 모든 입들은 손잡이가 된다
두 갈래로 콧구멍은 숨 쉰다

이마가 빤질빤질한 볼링장 주인
세상 모든 눈알을 어디 감추었을까
우당탕 머리로 깨려고
눈을 질끈 감은

눈 없는 머리를 찾으려
맨들맨들한 머리통 색깔을 또 더듬는다
크기와 색깔은 무게가 아니다
쿵! 벼랑에 빠지지 않으려고 절벽에 부디치지 않으려고
머리통을 얼른 놓아 버린다

굴리고 굴려도 커지지 않는
깊고 시커먼 자궁이 덜컹 소리를 낸다
와장창 무언가 깨지는 소리가 나면
일곱째 아니면 열 번째 아이가
기우뚱기우뚱 살아남아 있었다

욱

욱은 허상의 마침표입니다
욱은 양팔 벌린 사람,
걸어가거나 동시에
앉은 모양입니다

물구나무서면 '농'자입니다
곰곰하다가 문문으로 바뀐 이유와 같습니다
그런 농이 가끔 농담이 되기도 합니다

다리 하나가 없으니 중증이라고 보면 됩니다
이런 상실이 의자에 앉아 세상을 관조하는 방법입니다
욱은 불성실한 야유를 그치게 하는 마침표입니다

깊이 삼키려 꾸욱 참는 모습이라고 봐도 됩니다
우—ㄱ 속의 것을 게워 올리는 모습이라고 말하면 안 됩
니다
그렇게 말하다가 중2 때 나한테 연탄재를 퍽석!
얼굴에 깨뜨려 맞은 녀석이 있습니다

―욱 꾹 참는 모습이

글자지만 사람인 탓입니다
그냥 슬픔으로 봐서도 안 됩니다

욱은 걸어가기 보다 앉아서
먼 데를 보는 견자의 시선이 맞습니다
단순하게 목이 아픈 동작도 아닙니다
머리가 자유롭기 위해
허공에 한 뼘 띄워 놓은 모양입니다

초점도 없는 눈동자 하나를
완성한 욱,
욱은 뒤를 보기 위해 일부러 고개를 돌리지 않아도 됩니다
올라가는 계단에 한 발 'ㄱ'으로
먼저 내밀었기 때문입니다

착시

덜컹덜컹 지하철 노약석에 세 사람이 앉아 있는데
귀에 이어폰을 끼고 있는데
젊은 한 사람은 자고 있고 두 사람은 깨어 있다
그중 한 사람은 노인이고
나머지 한 사람은 젊다

시청역쯤에 노인 하나 그 앞에 다가서서
젊은이를 향해 버럭 호통을 치는데
"이봐! 젊은이, 거 나이 먹은 사람이 서 있으면 냉큼 자리를 양보해야지.
왜 장님처럼 눈을 말똥말똥 뜨고 있는 게야! 엉?"
날카롭게 뻗는 손끝이 맵다

순간, 젊은이 품속에서 하얀 막대기 다발을 꺼내는데
시선이 일제히 집중되는데
"어이쿠 어르신! 죄송합니다.
제가 뵈는 게 없어서……"
라고 말하며 불쑥 일어서는데
묶여 있는 막대 다발이
좌르르, 요술같이 지팡이로 변하는 거다

보는 게 전부가 아니라는 듯
사람들 사이를 요리조리 빠져나가서
통로 저편으로 물 흐르듯 가서 섰는 거다

착착착! 품속에 그걸 다시 접어 넣으며
귀에 이어폰도 찾아 끼워 넣는데
머리 위 손잡이도 능숙하게 더듬어 잡는 거다
보시라, 보는 게 전부가 아니라는 듯

골든 리트리버

개가 사람을 끌고 가고 있다
사람이 개에게 끌려다니고 있다
골목마다 짖지 못하는 개들이 쏟아져 나와
주인의 주인을 구분할 수 없다

여덟 시가 되면 공원 가로등은 환해지고
사람은 개의 습관에 빠져
사람도 개의 얼굴을 알아차린다

목이 마르거나 할 말이 많은 것,
너도 다음 세상에서 그렇게 해 보렴
첩첩 얼굴을 핥아보는 개도 있다

잠시 사람이 되어 보기로 한다
끌려다니는 걸 알아차린 사람도 있어서
온갖 견종들의 인사말이 섞이는 거리에서

말보다 개가 앞서는 세상
아직도 끌고 다닌다고 믿고 싶어서
나는 잠시

눈먼 소경을 체험하기로 한다

바라밀다

화무십일홍, 큰 외숙모 민화투 열심이시다
똑똑, 현관 앞 목탁 소리에 교회 다니시는 외숙모
잔뜩 모은 광도 피도 밀쳐놓는다

가사도 없이 염불도 없이
회색으로 흐려지는 승복에
자리 아래 배춧잎 두어 장 집어 드신다

−바라밀다,
바라는 거 그냥 밀어 둔다는 말 아니겠냐?
참 좋은 말 같아.

빛도 없이 형체도 없이
뜻도 없이
홀쭉해진 저 등의 바랑

속에 외숙모 손이
잠시 들어갔다가 나온다
빈손 합장하신다

필똥

내가 장님이 될 걸 먼저 알고 있는 건
천장에 붙어 있는 똥파리들이 아니겠어
점자 먼저 배우라는

끙끙, 제 꽁무니로 인상을 써가며
소월의 진달래도 동주의 서시도
점점 찍어 놓고 그런 거

다가가 손으로 만져 보지 않으면 알아볼 수 없는
상형문자였지 뭐야
그래그래 항문으로 써 놓은 그 필똥,

깨알 같다고 자꾸 만져 본다
해도 읽을 수 없는 건
학문의 깊이가 얕아서라지 뭐야

가수(嫁樹)*

돌가루를 긁어냈지 상완골 견갑골 사이에
진작부터 끼어 있는 석회 덩어리
새벽마다 밀린 잠 깨우는

까마득 밤을 하얗게 지새느라
한숨지며 서성인
그 가지에 무슨 열매 매달아 보려고

초승달과 보름달을
번갈아 그려본 것도 같아
빛바랜 가을 하늘에 스크럼을 짜던 그에게
까치밥 한 알은 왠지 쓸쓸한 유행 같아

시집간 딸년 전화 한통 기다리다가
지병처럼 앓던 오십견
주홍빛 열매를 세어 보며 포기의 개수를
골똘히 회상하는 미련 같기도

아픈 걸 긁어내려고 또 아픈 동작을 해
씨방처럼 부풀어 있으니까
한때 툭툭! 저 혼자 부러 떨어져

101동과 102동 사이
쓸쓸히 맺혀 있다가
홀로 아픈 가지 되어서

* 정월 대보름에 과일나무에 열매가 많이 열리도록 가지 사이에 돌을 끼워 넣는 세시 풍속.

다시 쓰는 토끼와 거북이

거북목 고 과장을 닮고 싶지 않은
민 과장은 일자목이라지
길게 구부러진 바나나를 까먹는 방법이라고나 할까

짧은 다리 긴 다리로 뛰어도
결승점은 항상 스쳐 지났지
정상 깃발처럼 모가지 꼿꼿한
토끼와 거북이의 숙제는 당근이었으니까

목의 몫은 당근으로 결정되는
내 목보다는 남의 몫만 보이는
얄팍한 오늘이 월급날이라지

젊은 민 과장은 125cc 혼다에 몸을 싣고
퇴근을 하고
생태 명퇴로 조바심 난 거북의 걸음을
키득키득 앞니 내밀며 웃어 준다지

머리 없는 양념치킨 시켜 놓으니까
아이고! 그제사 뒷목에서 뻐근한 통증이 몰려와

토막토막 내 목 네 목 갈라 놓으면
거북목도 일자목도 다 제 할 탓이라나,

젊은 민 과장은 내일 또 늦잠을 자고
혼다를 타고
허리가 아픈 고 과장은 일찍 일어나
엉금엉금 자전거를 타고

가을바람 불고 단풍 또 들면
누구도 긴 목 내밀며
자기 목 거두느라 또 굽신거리겠지

톱 연주

휘었다 폈다 바들바들 떠는
동작
지금껏 켜낸 나무의 옆구리를 추모하였다
금이라야 들리는 언어
채신머리없고 을씨년스러운 게 당연한 거다

보라, 내 스스로 연주하는 무대는 이제 끝났다
손때가 묻지 않으면 벌건 녹이 대신할 것이다
날카롭게 이빨을 들이대는 톱날의 눈금,
계명처럼 그려 놓은 주름,

썰리는 아픔을 두 허벅지로
꽉!
끼어 놓았으니 톱은
나무의 괴로움을 익히 알고 있는 거다

가랑이에 붙잡혀 어쩔 수 없는 손잡이와 활대
가로로
세로를 버티는 십자가라서 괜찮다
面에 한 줄 두 줄 늘어난 눈금

너에게 내가 연주되겠다는 오선지와 다름 아니다

그녀의 손끝이 아직도 날카롭다면
슬금슬금 연주하려
날
더듬는 열 개의 그녀의 톱을 상상해 보라

시청 앞마당 가로수는 죄다 스스로 하늘을 연주한다고 믿어 왔으나 사실은 가을바람에 울긋불긋 켜지고 있는 거다 어떤 가로등은 지금껏 잘 버텨 왔기에 활줄이 끊어진 모양으로도 말꼬리 대신에 현수막이나 플래카드를 펄럭이고 있는 거다

세인트폴리아*

여동생 세인이의 연주에
노을 더 짙어 갑니다
가끔 바람 불어와 잎을 흔들어 줄 뿐
잎에 머금은 빛깔은 오늘도 보랏빛 물음표입니다

바이올린의 의미를 이해하지 못하였으므로
다만 어머니의 계명을 장식할 뿐
올라갈 수도 내려앉을 수도 없는 느낌표
까닭 없는 허공에 먼지 몇 올 반짝입니다

안개조차 희미해진 아침
꽃을 피우는 동작으로 멈춰 버린
높낮이가 일정한 악보
정작 그게 맞는 걸까요

이제 보드라운 어머니의 시선을 벗어나고 싶습니다
저 높은 거실의 조명이
넘치는 사랑의 무대로

촘촘 옆으로 펼쳐졌기 때문입니다

속을 다 보여줄 수 없는 빛깔
애증으로 보이는, 정물의 화법입니다
세인이는 이제 어머니를 위해
자장가를 먼저 배워야겠다는 생각을 합니다

---

* 학명은 Saintpaulia ionantha H Wendl이다. 꽃말은 작은 사랑이다. 아프리카 지역에서 처음 발견된 제비꽃(바이올렛)이라 아프리칸바이올렛이라는 이름으로 불리기도 한다.

명자나무

이장님 댁 한쪽 담벼락에 비스듬히 목 걸린 명자나무의 가을,
오오! 백 원짜리 동전만 한 달빛을 올려다보고 있다
어깨 어름 담벼락으로 밀려와
걸려 있는 한강의 밤바람 소리

바람은 지금 ㄱㄱ 골목을 지나는 중이다
봄을 얇게 저며 낯이 붉던 꽃몽오리
명자나무가 가을을 보고
그녀의 아치울도 가을을 본다

담장 밖 계절이 옷깃을 세워 주는 밤
명자꽃을 기억하는 아쉬움을 받아 적는다
썼다가 이내 지워버리는 수화처럼
잎들이 모두 같은 입으로

밤하늘은 짐짓 불 꺼진 응접실
잎은 허공을 더듬는다
올망졸망 볼살로 나는 익었거나
아직도 익고 있거나 아직 씁쓸하게

재잘재잘 지금은 어린이집을 운영하고 있다는 명자,
가지가 매달고 있는 명자 열매가
명자들이 날 읽고 있다
더 씁쓸하게 더 쌀쌀하게

영찬이 타일

마라톤 선수였던 영찬이가
타일로 지워진 벽을 세우고 있다
공손하게 변기 세면기도 건다

촘촘 도시형 공간을 세우는
한 걸음 한 걸음 수십 킬로미터의 거리를 끌어온
바닥과 벽이 다 지워진 그림이다

찬이가 펼쳐 보는 이 공간은
성큼성큼 굴려 보다가 돌아온
둥근 지구의 내면이다

성별과 나이 그리고
직업과 성격이 같다는
면련(綿連)한 그만의 스타일이다

사리

차가운 냉면 육수 속
부처님 한 분 앉아 있다
삶은 계의 정수를
삿갓처럼 눌러쓰고

곡진한 육탈의 진수를
흥건하도록 발아래 흘려 놓고
복중 삼복을 빌고 있다

잘라내지 않으면
결코 풀어낼 수 없는 가락
그 차가운 사리를 불리고 있다

해 설

몸이 된 언어의 힘

오민석(문학평론가 · 단국대 명예교수)

 시인마다 언어를 대하는 방식이 다르다. 어떤 시인은 언어를 소통의 편리한 수단으로 간주한다. 그가 볼 때 언어는 그 자체 아무런 흠집이 없으며 사용하는 자에 따라 소통의 방식과 효과가 달라질 뿐이다. 어떤 시인은 언어가 표상의 훌륭한 도구라는 주장을 믿지 않는다. 그가 볼 때 언어는 대상을 계속 왜곡할 뿐이며 상징계의 주체는 어떤 경우에도 언어를 통하여 대상 자체에 도달할 수 없다. 허상욱 시인이 언어를 대하는 방식은 독특하다. 그는 언어를 신체의 일부로 만든다. 그는 언어를 물어뜯고 삼켜서 몸의 일부가 되게

한다. 그의 언어는 행위자agent의 밖에서 놀지 않으며 행위자의 몸 안으로 들어가서 그것의 일부가 된다.

> 염소에게 풀을 뜯겼다
> 뿔로 물음표, 느낌표를 그리며
> 꼭꼭 씹어 삼키는
>
> 제비꽃 달개비꽃 물음표를 삭제하느라
> 입속에 터지는 따옴표가 되었다
> 염소를 끌어다 매는 건 학교 가는 것보다 우선하는 거라서
>
> 내가 아는 건 되새김질하는 염소밖에 없다
> 집에 가는 길에 염소를 끌어오는 건
> 풀들이 먹을 걸 알아챈 증거이므로
>
> 매애애 매애애 염소가 걸어가는 길마다
> 수십 수백 개의 마침표가 남는다
> 똑똑한 국어책이 된다
> ―「염소와 국어 시간」 전문

"국어 시간"은 상징계의 규범 언어를 가리킨다. 시인은 "염소"를 끌어들여 규범 언어를 씹고 되새김질하게 만든다. 규범 언어를 씹어 먹게 하는 것은 시인이지만, 시인은 그

과정을 통해서 자신을 염소와 동일시한다. 왜냐하면 "되새김질하는 염소"야말로 그가 아는 전부이기 때문이다. 규범 언어는 그 자체로 시가 될 수 없다. 시인은 규범 언어를 배우기보다 그것을 죽이고 씹어서 자신의 언어로 만드는 자이다. 염소를 끌어다 풀을 뜯어먹게 하는 것이 "학교 가는 것 보다 우선하는 거"라는 대목이 바로 그 말이다. 굳이 프로이트를 끌어들이지 않더라고 무언가를 뜯어먹는 행위에는 두 가지 본능이 내재해 있다. 그것은 규범 언어를 먼저 자르고 절단하는 행위이므로 파괴 본능(죽음 본능)의 실현이지만, 그것과 동시에 파괴하고 잘라낸 것들을 내 몸 안으로 끌어당기는 행위이므로 사랑 본능(에로스 본능)의 실현이기도 하다. 시인은 염소의 비유를 빌려 규범 언어를 파괴하고 그것을 내 몸 안으로 끌어들여 새로운 언어를 만든다. 그것은 몸의 감각기관처럼 사물을 직접 만지고 느끼므로 이성reason의 언어가 아니라 지각perception의 언어이고 몸의 언어이다. "똑똑한 국어책"은 그러므로 타나토스와 에로스의 이중 과정을 통해 재약호화recoded되고 재발명된 염소의 언어, 몸의 언어를 말한다.

> 못은 아픈 것이다
> 연못에는 잉어들이 몸을 비틀어
> 얼룩덜룩 멍자국 저절로 새겨졌다
> 출렁이는 물결 사이로

> 못이 쿡쿡 박혔고
> 끝이 길어진 못은 지느러미 되어
> 휘어지지 않으려는 탄력으로
> 조심조심 수면을 민다
>
> 햇살도 대못이라면 살 속으로 스민 무늬
> 쉽게 보여줄 수 없는 통증이 되었다
>
> ―「비단 연못」 부분

　허상욱의 언어는 몸 밖에서 몸과 세계 사이에 존재하지 않는다. 그것은 몸 안에 들어와 몸의 감각기관이 된 언어이다. 위 작품에서 중요한 것은 연못과 잉어의 원관념tenor들이 아니다. 위 작품에서 주목할 것은 시인이 세계를 느끼고 설명하는 방식이다. 시인은 "못"의 기표로 '연못'과 '못nail'을 동시에 지시한다. 부드러운 수면의 연못에 햇살이 "대못"처럼 박힌다. 이 순간 액체의 못(연못)이 날카로운 고체(못)로 바뀐다. "못은 아픈 것이다"라는 첫 번째 문장은 연못이 이렇게 못에 찔리는 사건으로 설명이 된다. 동일한 기표를 연못과 못의 전혀 다른 기의들로 미끄러뜨리면서 시인은 부드러운 내장에 꽂히는 세계의 통점들을 생생하게 그려낸다. 잉어들의 몸에 대못이 꽂히는 장면은 특별한 지시 내용보다는 실존의 고통이 몸에 그대로 파고드는 현상 자체를 조명한다.
　시인에게 세계는 고통 자체이며 시는 고통이 몸에 새겨

지는 순간을 바로 그 통점에서 기록하는 몸의 언어이다. 잉어들은 몸을 파고든 못들 때문에 "얼룩덜룩 멍자국"이 가득하다. 세계는 겉으로는 연못의 수면처럼 부드럽지만, 그 안에 날카로운 못을 무수히 숨기고 있다. 세상은 부드러움을 가장한 못이 존재의 몸을 "쿡쿡" 찌르는 곳이고, 그 고통의 무늬들은 "살 속으로" 스며들어 겉으로는 잘 보이지도 않는다. 허상욱의 시들은 그렇게 몸에 박힌, 몸으로 느낀, "쉽게 보여줄 수 없는 통증"들에 관한 이야기들이다.

> 봉약침 삼릉침으로 굳은살을 제거할 수 있다는
> MD 한의원 원장님 얘기를 듣는다
> 단단한 팔꿈치와 무릎, 마디마디를 파고든
> 산성으로 변색된 관절을 연상하였다
>
> 오늘은 P 대학 K 교수와 가시를 몸속에 품고
> 살던 명태찜 접시를 앞에 두고 독대한다
> 살을 골라낸다는 건 가시를 남긴다는 말,
> 발린 살을 입속에 넣기 위해서
> 젓가락도 입속에 잠시 들어갔다 나온다는 것,
>
> 나는 한 점의 가르침에 대하여 입속에 잠시 들어갔다 나오는
> 가늘고 긴 젓가락만 빨고 있었다
> 아, 누가 이 흐릿하고 멍텅한 눈알에

단단한 젓가락을 쿡! 찔러 넣을 것인가

…(중략)…

아직도 배울 시가 있는 나는
이 추운 겨울이 가기 전에
MD 한의원도 가야 한다
통증을 대신할 통점을 찾아
따끔한 하나의 가르침을 시술하려면
—「일침요법(一鍼療法)」부분

  허상욱 시인의 언어는 몸 안으로 부지런히 파고든다. 그것은 "팔꿈치와 무릎, 마디마디를 파고" 들고, 살을 발라내며, "눈알에 단단한 젓가락을 쿡! 찔러" 넣기도 한다. 그의 언어는 몸 안에 들어와 몸의 다양한 부위를 부지런히 오가면서 몸의 일부가 된다. "침"이야말로 몸으로 들어가 살과 뼈 사이를 뚫고 들어가 "통증을 대신할 통점"을 찾는 몸의 언어이다. 시인이 "아직도 배울 시"란 바로 그런 침과 같아서, 통증을 자기 몸으로 느끼고 통점을 찾아내는 언어적 "시술"을 가리킨다. "발린 살을 입속에 넣기 위해서" 입속을 드나드는 젓가락처럼 허상욱의 시들은 몸 안으로 들랑거리며 몸에 새겨진 삶의 통점들을 몸으로 읽어 낸다.

  콘돔 속에 내가 들어 있다

질끈 끝을 묶어 놓고 미끈한 당면으로 불린,
아버지가 혈관 속 선지를 덜어 낸다

토막토막 긴 당면을 자르려고 내장 속을 채운다
나와 형들은 아버지의 혈관을 뚝뚝 분질러 먹고
순대로 순대를 채우기 시작한다

피는 피를 먹은
속을 채우려고 잠시 아버지는
손가락 굵기가 자꾸 굵어졌다, 가늘어졌다

…(중략)…

아궁이에 불을 지피다 만 어머니가 앙탈을 하면
가끔 삶기다 만 순대가 흐물흐물 툭 터질 때가 있다
터진 순대를 보면 당면한 정자들처럼
자궁 속 같은 가마솥 속에 내가 헤엄치고 있었다
─「순대 공장」부분

 허상욱의 시들은 주로 미세한 촉각을 세워 몸의 언어를 구사하는 경우가 많은데, 위 작품은 그중에서도 가장 강렬한 촉각의 경험을 따라 움직인다. 콘돔처럼 생긴 순대 속에 자기가 들어 있는데, 아버지가 그 "혈관 속 선지를 덜어 낸다"는 표현은 얼마나 파격적이고 육체적인가. 여기서 "질끈 끝을 묶어 놓고 미끈한 당면으로 불린" 순대는 발기한 아버지의 성기를 연상케 한다. 그렇다면 여기에서 "나"는 "터진 순대"처럼 실패한 피임의 결과물인가. "아버지의 혈관을 뚝뚝 분질러 먹고/ 순대로 순대를 채우"는 "나와 형들"은 아버지와의 싸움에 성공한 오이디푸스들인가. 그렇다면 "아궁이"와 "가마솥"은 어머니의 자궁이고, 사람의 가계는 영혼의 나무가 아니라 "순대 공장"처럼 철저하게 물리적이고 육체적이며 생물학적인 것이다. 모르긴 몰라도 인간의 계보를 이것보다 더 유물론적으로 그려낸 시를 찾기도 매우 힘들 것 같다.

메를로-퐁티Merleau Ponty는 몸-주체를 다음과 같이 정의한다. "나는 나의 몸 앞에 있지 않다. 나는 몸 안에 있다. 더 정확히 말하면 나는 몸이다." 나를 몸이라 말하므로 퐁티에게 언어란 "몸의 제스처"이다. 더 나아가 그는 몸-주체의 언어를 "살의 언어language of la chair"라 불렀다. 그에게 살은 단순한 신체가 아니라 세계와 교감하는 감각적 매체medium이다. 인간과 세계는 살의 감각을 통해 상호 침투한다. 살은 내 몸이 세계를 그리고 세계가 내 몸을 통과하며 말하는 방식이다. 퐁티가 말하는 살의 언어처럼 허상욱은 살의 언어를 가지고 세계의 몸으로 들어간다. 그가 하는 일은 살의 언어를 통하여 세계 안으로 들어가고 그리하여 세계가 자기 몸으로 들어오도록 만드는 것이다.

내 입술 어디에 싱싱한 풀이 있었는가 풀들이 일어서서

똥을 들어 올리면 말똥은 조금씩 신선해질까 어떤 똥의 무
게를 쓰고 삶의 지붕을 굳혀갈 때 똥과 땅은 그렇게 간격
을 벌려야 할까

  개미처럼 머리가 새카매지도록 똥을 쓰자
  생각은 형체를 갖추고
  햇빛의 모양으로 빚어졌다

  기어이 똥을 들어올린 꽃들
  억눌렸던 꽃향기는 더욱더 눈부셔서
  멀리 퍼져 나가기는 벌들도 망설일 게 없다
                        —「똥밭에 앉아서」 부분

살의 언어가 생의 가장 밑바닥까지 내려간다면 그것은 바로 "똥밭"이 아닐까. 시인은 자신의 언어가 설 자리를 먼 피안에서 찾지 않는다. 그는 자청해 "똥밭에 앉아서", "똥을 들어올리"는 언어야말로 진정한 몸의 언어라고 생각한다. "머리가 새카매지도록 똥을 쓰자"는 문장은 똥 속에서 똥을 뚫고 나오는 똥의 언어에 대한 단단한 결기를 보여 준다. 퐁티는 이미 굳어진 기호, 즉 체계와 문법의 언어를 "말해진 말parole parlee"이라 한다. 이에 반하여 몸이 세계와 부딪히며 스스로 만들어내는 말을 "말하는 말parole parlante"이라 한다. 이 시에서 '똥의 말'이 '말해진 말'이라면, 그 안과 그 아래에서 그것을 "들어올린 꽃들"은 "말하는 말"이다.

허상욱의 언어는 살 안에서 살과 교감하며 살을 들어 올리는 언어를 꿈꾼다.

안팎에 걸린 사연이 보이지 않아서 건너편이 환해요 투명한 벽을 수직으로 세워 놓으면 수족의 벽이 되어요 벽 너머에 셔츠와 바지를 걸어 놓으면 손발은 보이지 않아요 아, 줄을 너무 오래 잡고 있었나 봐요

멀리 날아간 상반신은 돌아오지 않고 양말은 문틈에 끼어 있고 소주병 몇 개는 하늘로 동그란 입을 뻐끔뻐끔 벌려요 부는 바람은 소리도 없고 황사는 오늘과 다른 세상에서 날아와요 펄럭인다고 다 살아있는 게 아닌가 봐요

부옇게 흐려지는 창 너머
오늘 퇴근한 건물이 보여요
세상에나 목 없는 셔츠가 이쪽을 건너다보고 있네요
―「두 번째 수족관」 부분

몸의 언어가 갖는 힘은 그것이 개념어나 관념어보다 훨씬 강력하게 우리의 감각대region of senses를 두드린다는 데에 있다. 시인은 주거 공간의 유리문들 사이로 보이는 삶의 풍경을 "수족관"에 빗대는데, 그것은 삶을 차단된 침묵과 죽음의 공간으로 그리기 위해서이다. 삶은 마치 유리관에 들어가 있는 것처럼 이쪽과 저쪽의 소통을 허락하지 않

는다. "안팎에 걸린 사연이 보이지 않아서 건너편이 환해요"라니. 보이지 않아서 더 환하다니, 이런 역설이 어디 있나. 사실 이 문장은, 그 내부가 너무 환함에도 불구하고 유리 벽으로 차단되어 있어서 실상은 아무 사연도 알 수 없다는 문장을 뒤집어놓은 것이다. 여기서 '보이지 않는다'는 것은 시각적 인식이 아니라 존재론적 인식이다. 보이지만 보이지 않는 것, 그것이 바로 유리벽으로 차단된 수족관의 세계이다. 두 번째 연은 살과 몸의 언어가 보여 주는 생생한 현장감으로 돋보인다. 상반신이 날아가고, 양말은 문틈에 끼어 있고, 소주병들이 마치 죽어 가는 생선처럼 "입을 뻐끔뻐끔" 벌리는 모습은 수족관 안에 있는 세계의 재난을 리얼하게 '살'의 언어로 보여 준다. "펄럭인다고 다 살아 있는 게 아닌가 봐요"라는 말은 가짜 활기로 가득 찬 죽음의 공간을 가리키는 몸의 문장이다. 세상은 더 단절되고("부옇게 흐려지는 창 너머") 죽은 생명("목 없는 셔츠")들이 유리관의 벽을 통해 이쪽을 쳐다본다.

> 머리 없는 양념치킨 시켜 놓으니까
> 아이고! 그제사 뒷목에서 뻐근한 통증이 몰려와
> 토막토막 내 목 네 목 갈라 놓으면
> 거북목도 일자목도 다 제 할 탓이라나,
>
> 젊은 민 과장은 내일 또 늦잠을 자고
> 혼다를 타고

허리가 아픈 고 과장은 일찍 일어나
　　엉금엉금 자전거를 타고

　　가을바람 불고 단풍 또 들면
　　누구도 긴 목 내밀며
　　자기 목 거두느라 또 굽신거리겠지
　　　　　　　　—「다시 쓰는 토끼와 거북이」 부분

"토끼와 거북이"가 '말해진 말'이라면 "다시 쓰는 토끼와 거북이"는 '말하는 말'이다. 시인은 이미 클리셰가 된 고전 언어(우화)를 몸의 언어로 생생하게 다시 쓰고 있다. "머리 없는 양념치킨"이 자본주의 사회에서 소비된 동물의 해체된 몸이라면, "토막토막 내 몫 네 목"으로 갈라진 도시 노동자들의 운명 역시 이와 크게 다르지 않다. 양념치킨을 주문해 놓은 화자의 "뒷목에서 뻐근한 통증"이 밀려오는 것은 바로 이런 자각 때문이다. 분절된 몸으로 소비되는 치킨처럼 "젊은 민 과장"이나 "허리가 아픈 고 과장"의 몸 역시 언제든 잘릴 '목'을 내놓고 사는 운명이기는 마찬가지이다. 이 시의 힘은 사실 별로 새로울 것도 없는 소재 때문이 아니라 그것을 표현하는 살의 언어, 몸의 언어, 촉각의 언어가 갖는 힘 때문이다.

　허상욱 시인은 무엇보다도 시가 몸의 언어임을 잘 알고 있다. 그는 세계를 굴절 혹은 왜곡할 뿐만 아니라 그 자체 세계의 본질에 끝내 가 닿을 수 없는 언어의 운명을 잘 알고 있다. 시인의 비극은 그런 언어로 닿을 수 없는 세계의 중심을 건드리려고 하는 데에 있다. 허상욱이 볼 때 예견된 실패에도 불구하고 그런 시도가 유의미한 것은 오로지 몸의 언어, 살의 언어를 구사할 때뿐이다. 몸의 언어는 언어를 시니피앙의 형식에만 가두지 않고 비언어적인non-linguistic 혹은 전언어적인pre-linguistic 감각기관으로 보충-대치한다. 허상욱은 언어의 비언어성 혹은 전언어성에 집중함으로써 언어에 존재론적 알리바이를 부여한다.